THÉODORE BAC

NOTICE BIOGRAPHIQUE

Prix : 60 centimes.

PARIS

GUSTAVE RETAUX, LIBRAIRE-ÉDITEUR

15, rue Cujas

1867

THÉODORE BAC

NOTICE BIOGRAPHIQUE

PAR

Paul PARRELON

Son ancien Secrétaire.

—◆—

PARIS

GUSTAVE RETAUX, LIBRAIRE-ÉDITEUR

15, rue Cujas.

—

1867

THÉODORE BAC

THÉODORE BAC

NOTICE BIOGRAPHIQUE.

Le matin du 2 juin 1865, à l'heure où la garnison de Paris et la foule des hauts fonctionnaires faisaient cortége au char splendide qui portait à sa dernière demeure un des plus grands dignitaires de l'Etat , quelques hommes, les uns mornes, les autres le visage mouillé de larmes, entouraient une voiture de deuil qui, partie de la rue Marengo, venait de s'arrêter à la gare d'Orléans. C'était les proches et les amis de Théodore Bac qui rendaient les derniers devoirs à l'honnête homme qu'ils avaient aimé.

Nous avons eu l'honneur et le bonheur de connaître intimement Théodore Bac. Nous n'oublierons jamais ce noble et beau visage

que nous avons vu parfois si souriant, souvent pâli par le travail et l'étude, puis con-
tracté par la souffrance, enfin immobile et
muet, mais encore plus beau, après que le
baiser de la mort eut imprimé sur ses traits
cette majestueuse et sublime sérénité, reflet
de l'âme grande et pure qui, délivrée de son
enveloppe terrestre, s'envole radieuse vers
l'infini.

Il vivra à jamais dans notre cœur, celui qui
fut en même temps un homme de talent et un
homme de bien ; et c'est pour les nombreux
amis à qui son souvenir est cher que nous
voulons aujourd'hui dire quelques mots de
notre illustre mort.

Nous n'avons pas la prétention de raconter
sa vie. Cette longue tâche serait trop au-
dessus de nos forces ; et, d'ailleurs, nous
n'apprendrions rien à personne. Parmi ceux
qui nous feront l'honneur de nous lire, beau-
coup ont connu Bac longtemps avant nous. Ils
ont été ses amis d'étude ou ses compagnons
de lutte, ses clients ou ses collègues ; ceux

qui n'ont pas connu l'homme, connaissent son œuvre et son talent. La presse, il y a deux ans, unanime dans ses regrets, apprit à la démocratie qu'elle venait de perdre un de ses plus vaillants soldats; à la France, qu'un honnête homme, un des orateurs dont elle avait le plus admiré l'éloquence, venait de mourir.

Le nom de Bac est universel comme les drames politiques et judiciaires auxquels il a été mêlé.

L'étranger qui s'arrête devant les colonnes de la place Vendôme et de la Bastille n'a point besoin qu'un cicérone lui en raconte l'histoire ; il la devine. Il regarde et se dit devant la première : c'est la gloire ! Devant l'autre : c'est la liberté ! Le citoyen qui entend prononcer le nom de Théodore Bac se dit : c'était un homme de cœur.

Ces cinq mots sont la biographie de Bac.

Il y a longtemps qu'elle est connue ; elle n'est pas à refaire.

Voilà deux ans qu'il dort dans son cercueil.

En deux ans, que de plaies se ferment, que de souvenirs s'effacent ! On oublie vite, icibas !... Oh ! ce n'est point un reproche que nous vous faisons, à vous tous qui l'avez connu et admiré. Vous vous souvenez. Nous écrivons ces pages pour simplement vous dire : c'est un devoir que de s'entretenir des morts. Celui-ci était bon, il nous aimait ; parlons un peu de lui.

THÉODORE BAC naquit le 14 mars 1809 à Limoges, où son père exerçait les fonctions d'avoué, où sa famille avait toujours vécu entourée de l'estime qui s'attache au travail et à la probité.

Il fit ses études dans sa ville natale, au collége dont il était un des meilleurs élèves et où chaque fin d'année le voyait triomphalement remporter tous les premiers prix.

Ce nom que, plus tard, le brillant avocat,

l'éloquent tribun devait couvrir de gloire à la face du monde, le jeune élève l'apprenait à ses compatriotes qui ne devaient jamais l'oublier ; il le gravait dans la mémoire de ses condisciples qui n'étaient point jaloux de leur camarade, car, dès l'aurore de sa vie, Bac fut, ce qu'il a toujours été, aussi modeste que généreux.

Ses études classiques terminées, il vint à Paris et se fit inscrire à la faculté de droit. Il eut bientôt conquis son grade d'avocat et revint à Limoges où il plaida sa première affaire.

Dès son début, il donna la mesure de son talent. Il était déjà l'orateur plein de cette science profonde et de ce bon sens qui lui attirèrent plus tard, lors de l'affaire de l'*émancipation* de Toulouse, ces paroles, éloquentes et sincères dans la bouche du ministère public : « Je croyais avoir affaire à un avocat et je viens d'entendre un orateur à qui rien de ce qui touche aux questions sociales et à la politique n'est étranger. » Ce talent, l'influence et les relations de son père ne tardèrent pas à lui amener de nombreux clients, empressés de confier leurs intérêts à ce jeune homme imberbe, à l'allure timide, qui, se transformant à l'audience, laissait tomber de ses lèvres, avec la grâce la plus noble, sa parole au timbre d'or, admirablement soulignée par un geste expressif, forçait les vieux maîtres du palais à le redouter et commandait l'attention des magistrats.

La vie s'ouvrait devant lui facile et riante. Il était jeune, il était beau, spirituel ; et la sympathie qu'on éprouvait pour sa personne n'avait d'égale que l'admiration qu'inspiraient ses éminentes qualités.

Dès cette époque, il se lia avec M. le vicomte Arthur de La Guéronnière. Le gentilhomme limousin, jeune et doué d'une brillante intelligence, las de rêver à l'ombre de ses sombres bois de chataigniers, voulait une place au soleil. Il était dévoré de cette soif d'innovations, de cette inquiétude fiévreuse, qui furent l'épidémie du temps. Ardent, ambitieux, impatient de s'affirmer en donnant le jour aux pensées brûlantes qu'il sentait vivre en lui, il était attiré vers le jeune avocat en qui il avait deviné une de ces natures supérieures marquées pour la célébrité. Le gentilhomme et l'enfant du peuple se donnèrent la main. L'avenir était devant eux. Ils devaient y arriver par des routes différentes.

Nulle amitié ne fut plus étroite, plus touchante que la leur. Ni les discussions politiques qui s'élevaient entre ces deux généreux esprits dans leurs conversations intimes, ni les dissentiments inséparables de l'union de deux jeunes hommes nés dans des milieux opposés et nourris de traditions différentes, ne l'ébranlèrent un instant. M. de La Guéronnière s'est longtemps souvenu du dévouement avec lequel son jeune ami se fit son défenseur dans ses procès de presse, son second dans ses querelles. Mais longtemps ne veut pas dire toujours ....

Quand M. de La Guèronnière vint à Paris fonder la *France monarchique*, il ne se sé-

para point de son ami. Il savait que ses opinions n'étaient pas celles de Bac qui portait
dans son cœur cet amour de la démocratie et
de la liberté pour laquelle il a sans cesse
combattu avec autant de courage et de persé-
vérance que de désintéressement. Le gentilhomme comprenait qu'il ne pourrait jamais
gagner le démocrate à sa cause ; mais il
voulut avoir l'écrivain près de lui. Il lui con-
fia la direction littéraire de sa feuille, et c'est
en qualité de feuilletoniste et de critique que
Bac collabora à la *France monarchique*. Il
faisait le compte-rendu des théâtres, des
livres ; jamais il ne parut dans le journal un
article politique émanant de lui. Bien jeune,
il s'était tracé une ligne de conduite dont il
ne devait pas se départir. Il était démocrate
par aspiration et par conviction ; collabora-
teur de la *France monarchique*, avocat, représentant du peuple, il n'a jamais menti à
son opinion première et n'a pas déserté son
premier drapeau pour passer dans le camp
ennemi.

C'est pour cela que la calomnie ne l'a pas épargné

S'il n'y avait pas d'honnêtes gens, la calomnie n'aurait pas de raison d'être. Il faut sans cesse à ce serpent vénimeux quelque réputation à empoisonner ; il choisit de préférence les plus pures. Une tâche ne paraît pas sur une mare de boue, elle éclate sur la blanche hermine ; lancez un caillou dans la rivière, l'eau tournoie, le caillou s'enfonce, un bruit sourd... l'eau coule paisible... il n'y paraît plus ; brisez les vitres du voisin, cela fait du bruit et du scandale, les badauds lèvent le nez en l'air... et il y a des gens qui ne vivent que de bruit et de scandale. Ils cherchent dans le grand livre la page qui raconte la vie et les vertus d'un homme. De leur plume trempée dans le fiel, ils raturent, ils effacent. Au jugement de l'histoire ils substituent une opinion qui leur est dictée, non par leur conscience, mais par une haine personnelle d'autant plus violente qu'elle a dû se taire plus longtemps. Tant que le juste qu'ils étaient fatigués d'entendre appeler le juste a vécu, ils se sont bien gardés de laisser échapper un mot qui eut pu trahir leur méchanceté et leurs mesquines rancunes. L'homme est mort ; ils approchent fièrement du cadavre et crachent dessus...

Ces justiciers d'occasion dont les sottes tirades n'inspirent que tristesse et dégoût, sont généralement récompensés de leur *impartialité* par le mépris public. Ils se font imprimer en beaux caractères, sur papier de luxe, dont les épiciers font de magnifiques cornets. Ils crient fort ; leur fausset est étouffé par la voix mâle des honnêtes gens à qui la divergence d'opinions et les querelles de partis ne font pas oublier le respect dû aux convictions sincères et au citoyen qui n'a jamais failli à ses devoirs.

Le drapeau tricolore flottait là où, hier, se dressait le drapeau blanc aux fleurs de lys.

Les *trois jours,* trois batailles sanglantes, trois victoires héroïques qui jonchèrent de cadavres les rues de la capitale, avaient fait une révolution. Une ère nouvelle commençait : le gouvernement de juillet.

Les idées nouvelles cherchaient de toutes parts à se faire jour. C'est alors que la doctrine de Saint-Simon, mort sans avoir eu la satisfaction de se voir complètement compris, fut un instant triomphante. L'église Saint-Simonienne se constitua ; son enseignement oral, pompeusement inauguré, attirait une foule immense et sympathique. L'élite de la jeunesse intelligente, avide de nouveautés et de progrès, s'était enrôlée sous la bannière de l'auteur du *Nouveau Christianisme.* Le *Globe* devint, entre les mains de Pierre Leroux, le *Journal de la doctrine de Saint-Simon.*

Bac avait été, comme tant d'autres, séduit par les préceptes de la religion nouvelle : elle se proposait surtout l'amélioration du sort des classes laborieuses et pauvres. C'était là le rêve du jeune avocat démocrate ; aussi fut-il

un des fervents adeptes du Saint-Simonisme,
en compagnie de MM. Barrault, Guéroult,
Emile Péreire, Jean Reynaud, Pierre Leroux,
Talabot.

Développer librement ses idées, les faire
triompher, voir se réaliser son rêve, étaient les
seuls sujets de ses constantes préoccupations.
Il s'était promis d'atteindre son but ; le Saint-
Simonisme était un moyen, et Bac recherchait
tous les moyens possibles et honnêtes de sou-
tenir la cause de la démocratie.

Mais le Saint-Simonisme n'eut qu'un succès
éphémère. L'exaltation qui mène aux plus
fâcheuses extrémités fut son écueil. Bac s'é-
loigna avec tous ceux qui avaient vu dans la
doctrine nouvelle autre chose qu'un sujet à
manifestations grotesques.

Le Saint-Simonisme mourut pour ne pas
s'être borné à la sage exécution de son premier programme. Il est vrai que rien n'est
plus difficile à exécuter et plus facile à défi-
gurer qu'un programme, cette brillante pro-

messe, belle et trompeuse comme l'espérance.

Nous retrouvons Bac à Limoges.

Sa réputation d'avocat grandissait de jour en jour ; elle allait bientôt atteindre à son apogée.

Le procès Lafarge, où se révéla dans toute sa passion ce talent original qui a fait appeler Bac le premier des avocats romantiques, lui fit une renommée plus qu'européenne.

La beauté et la position de l'accusée, la grandeur du crime, les circonstances étranges dans lesquelles il avait été perpétré, tout contribuait à donner une terrible et mystérieuse physionomie au sombre drame du Glandier.

A ce drame poignant, sorti avec ses épouvantables scènes des réalités de la vie intime, il fallait, pour en amener le dénouement attendu avec une si vive impatience, de su-

blimes acteurs. Bac fut un de ceux-là. Il flétrit le crime et l'auditoire frémit ; il pleura
sur l'accusée et fit pleurer ceux qui l'écou-
taient. Grâce à cette éloquence qui avait le don
d'impressionner tous les cœurs, l'accusée
inspira bientôt moins de haine que de pitié,
devint une héroïne; elle eut ses partisans.
Bac fut convaincu, dévoué, il se multiplia. Il
s'était promis de la sauver !... Et si Marie
Capel ne put échapper à sa triste destinée,
c'est que la fatalité n'oublie jamais ceux
qu'elle a marqués de son doigt implacable !

La tombe de Lafarge était à peine fermée,
que l'assassinat de M. de Marcellange frappait
toute une contrée d'une douloureuse stu -
peur.

Un honnête homme, un père de famille est
lâchement assassiné dans sa demeure. Un
coup de fusil tiré du dehors par une nuit de
tempête, nuit affreuse comme le crime qu'elle
voilait de ses ténèbres, le fait rouler sanglant
au milieu de ses domestiques, au repas des-
quels il assistait en maître, aussi peu fier que
bienveillant. Quel est l'assassin ? M. de Mar-

cellange n'a pas d'ennemis. Il est bon, humain, les malheureux bénissent sa charité !...

Si, M. de Marcellange a des ennemis ; et, ces ennemis, c'est dans sa propre famille qu'il faut les chercher. Sa belle-mère, sa femme, deux grandes et puissantes dames ont armé le bras de l'assassin !

C'est encore un drame de famille, drame hideux dont la justice n'a pas eu le dernier mot, — plus terrible encore que celui du Glandier.

Sinistre époque que celle-là, où l'exemple du mal venait d'en haut ; où tout ce qu'il y avait de plus considérable et de plus respecté dans la société se ruait avec rage vers la bassesse et le crime, ces deux égoûts dont il semble que les voûtes immondes ne devraient retentir que des blasphèmes de l'ignorance et de la bestialité !

La fière châtelaine rêvait à l'ombre des grands bois, au bras de son valet à qui « *elle sacrifiait jusqu'aux charmes qu'elle n'avait pas.* » Pour une caresse, le valet assassinait le maître ; le grand seigneur tuait à coups de couteau la mère de ses enfants ; les hauts fonctionnaires se faisaient voleurs.

Ces crimes ruinèrent un trône qu'emporta dans le gouffre où, depuis six mille ans, s'engloutissent tant de décombres, le courant d'un fleuve de sang et de boue...

Le défenseur de Mme Lafarge s'est associé au deuil et à la douleur de la famille de Marcellange. Pour la première fois, il remplit un devoir pénible pour lui ; il accuse. Ah ! ce fut un spectacle majestueux et navrant que ces deux années de lutte d'un coupable avec la justice ! Ni la parole émue de Me Rouher, ni l'impétueuse éloquence de Me Lachaud ne purent dérober la tête de Besson au bourreau qui l'attendait. Le sang de Marcellange demandait vengeance ; Bac fut son vengeur.

Et quelle poésie, quel talent, quel coloris dans ces incomparables plaidoyers, chefs-d'œuvre de l'éloquence judiciaire ! Là, Bac se retrouve entier, avec sa vive imagination, avec sa sensibilité, avec son sentiment du bien, avec son cœur.

Dans ces magnifiques improvisations sous

lesquelles il tenait son auditoire haletant de terreur et d'admiration, dans ces éclatantes périodes où sa voix énergique flétrit des coupables dont la hauteur et le dédain aristocratique osent défier le châtiment, on sent percer le démocrate sous la robe de l'avocat qui, tout en marchant à travers les obstacles à la recherche de la vérité, demande à la justice, au nom de la société outragée, l'égalité pour tous, devant la loi comme dans la vie, la solidarité devant l'expiation entre le laquais et la grande dame qui se sont unis devant le crime !

Admiré de la France entière, toujours prompt à se passionner pour les sentiments généreux et les grands talents, le vengeur du crime de Chamblas jouissait auprès de ses compatriotes d'une immense popularité, que ni le temps, ni l'absence n'ont diminuée. Le proverbe, *nul n'est prophète dans son pays*, ne peut pas lui être appliqué ; sa ville natale, qui fut le berceau de sa gloire, était fière des triomphes de son enfant. Estimé de tous, recherché par la plus haute société, malgré ses opinions démocratiques hautement avouées, Bac était, à cause de ces mêmes opinions, l'idole de la population ouvrière. Le moment était proche où il allait recevoir de ses concitoyens ces témoignages de sympathie et de respect qui disent assez quel est l'homme qui en est l'objet.

Louis-Philippe chassé par ses sujets avait pris le chemin de l'exil.

La République fut proclamée.

Bac fut alors le vrai maître de la ville, l'idole des masses. Paraissait-il, il était acclamé. Parlait-il, ses paroles étaient autant d'oracles écoutés religieusement. On se souvient à Limoges des applaudissements qui suivaient chaque discours de l'orateur populaire, en ce temps de patriotique exaltation, discours modèles qui, tout en enflammant le cœur du peuple aux mots d'égalité et de liberté, lui apprenaient à ne pas s'écarter des saintes lois de la modération et de la justice.

Courageux au combat, soyez grands après la victoire; c'est là la dignité du peuple. N'oubliez pas que sur ce drapeau tricolore qui flotte au-dessus de vos têtes, votre main a tracé le mot : fraternité.

Des troubles éclatèrent dans la ville de Limoges. Quels étaient les fauteurs de ces désordres? — L'oisiveté forcée, la misère, la faim, l'égarement, sinistres acolytes de toute révolution. De nombreuses personnes furent incarcérées. Bac ne fut pas arrêté.

Certaines gens qui s'étonnent de tout s'en étonnèrent.

Et pourquoi Bac aurait-il été poursuivi? Pour avoir mis son influence magique au service de la paix, lorsque grondait l'émeute; pour avoir vidé sa bourse dans la main de ceux dont la femme et les enfants avaient faim; pour avoir cent fois écrasé sous ses pieds les torches enflammées qui devaient mettre le feu aux quatre coins de la ville?...

Ah! Messieurs les pacifiques, Théodore Bac, en haranguant le peuple en pleine rue, en ne craignant pas de placer sa main délicate dans la main calleuse du journalier affamé, Théodore Bac, le fougueux socialiste a plus fait pour son pays et pour votre salut que vous-mêmes, qui écoutiez sans rien dire, cachés derrière vos volets hermétiquement fermés, les pieds sous une table bien garnie.

Le département de la Haute-Vienne envoya Bac à l'Assemblée Constituante. Il avait été nommé par 38,776 voix, le troisième sur les huit représentants. Le député Limousin prit place à l'extrême gauche. On sait comment il comprit et exécuta son mandat. Il déploya à la tribune les brillantes et solides qualités qui l'avaient mis au premier rang parmi les maîtres du barreau français. Il fut « l'avocat de la montagne dont Ledru-Rollin était l'orateur. »

Défenseur de toutes les libertés, il se montra parmi les représentants les plus hostiles à la présidence qu'il considérait comme un danger pour l'existence de l'Assemblée. Il combattit l'expédition de Rome. Les patriotes des États pontificaux, reconnaissants, le nommèrent, avec Ledru-Rollin et Félix Pyat, *citoyen romain*.

Après la dissolution de l'Assemblée Constituante, hâtée avec tant d'acharnement par le représentant Rateau, dont il repoussa la proposition avec un courage digne d'un meilleur sort, Bac se présenta comme candidat à l'Assemblée législative. Son triomphe fut le prix de son dévouement ; il fut nommé par la Haute-Vienne et le département de la Seine.

Il tint tout ce qu'il avait promis, tout ce qu'on était en droit d'attendre de lui ; et, après que la Montagne eut été décimée par la proscription de ses principaux chefs, on le vit, à côté de Michel (de Bourges), défendre le terrain pied à pied, soldat infatigable d'une cause qui, après avoir compté de si beaux jours de victoire, devait avoir son Waterloo, une défaite terrible, après un héroïque combat.

Au mois de mai 1860, il nous fut donné de toucher pour la première fois la main de Théodore Bac. L'accueil qu'il nous fit sera toujours un de nos plus agréables souvenirs. Jamais nous ne vîmes plus d'exquise urbanité, de politesse unies à tant de familiarité et de grâce. Nous pûmes alors juger si ceux qui nous avaient vanté cet esprit supérieur et délicat, ce démocrate au cœur d'or, nous en avaient fait un éloge outré. C'était bien là cette figure noble et douce, aux traits aristocratiques, au regard bienveillant que nous avions rêvée, lorsque ceux qui avaient connu avant nous cet homme de bien, nous disaient ses précieuses qualités, lorsque nous lisions ses admirables plaidoieries, ses magnifiques improvisations brûlantes de passions, étincelantes de cette poésie qui émeut si profondément l'âme et parle au cœur, comme tout ce qui est beau, tout ce qui est vrai.

Bac s'était fait une place glorieuse parmi les maîtres du barreau parisien, tout en conservant la confiance de la clientèle que son talent lui avait acquise dans toutes les grandes villes de France.

Son attitude pendant la période révolutionnaire, le talent énergique qu'il avait déployé dans les innombrables affaires politiques où son fraternel désintéressement avait accepté la défense des proscrits ; le courage dont il avait fait preuve en s'en allant par la France, de tribunal en tribunal disputer à la vengeance du parti vainqueur la liberté des vaincus, sa belle défense de Louis Blanc, sa fidélité à ses principes, son abnégation, tout cela avait ajouté une gloire nouvelle à la gloire prématurément acquise par le jeune avocat limousin.

Ses nombreux clients appartenaient à tous les partis. Socialistes, légitimistes, démocrates, bonapartistes attirés par le talent, l'honnêteté, l'amitié de l'homme de bien, se rencontraient dans le salon d'attente du défenseur de Blanqui et des ouvriers typographes (1).

(1) Une députation d'ouvriers typographes vint offrir à M. Théodore Bac un médaillon de Guttemberg, frappé en l'honneur de leur généreux avocat.

L'avocat sortait-il de son cabinet, traversant le salon pour accompagner un client? Tous les regards se fixaient sur lui avec l'expression de la sympathie et du respect. Il revenait vers son cabinet souriant, saluant, disant un mot à celui-ci, serrant la main à celui-là; familier, digne, gracieux : il était aimé et respecté de ses clients comme de ses confrères.

Il est des hommes nés bons et généreux, que rien, si l'on peut s'exprimer ainsi, ne peut faire sortir de leur tempérament. Ils sont, toute leur vie, tel que Dieu les fit. Ils passent dans ce monde calmes et débonnaires, comme ces génies bienfaisants dont parlent les contes de fées.

Bac fut une de ces natures privilégiées.

Ni les tourmentes de la vie publique, ni les difficultés de l'existence, ni les luttes politiques n'avaient pu aigrir son doux caractère.

A la tribune, au Palais, il restait l'homme modéré, l'adversaire conciliant avec lequel on aimait à discuter dans ces réunions familières qu'il affectionnait et où les citoyens de toutes les opinions, réunis autour du foyer de l'ami commun, à l'abri de l'indiscrétion des tribunes et des feuilles publiques, cherchaient ailleurs que dans les emportements et la fureur d'une polémique outrée, le chemin de la vérité, du bien et de la justice.

Jurisconsulte profond, avocat doué d'une éloquence entraînante, Bac était artiste poète. Il avait dans un temps assisté comme invité aux réunions gastronomiques et poétiques du *Caveau*; pas assez souvent, car Thorel Saint-Martin lui reprocha plus d'une fois de négliger la joyeuse compagnie. « Pourquoi, lui écrivait le chansonnier, — pourquoi, n'êtes-vous pas venu? Vous savez bien que votre présence est un bonheur pour nous, venez donc à notre prochaine réunion; notre plaisir sera double si vous nous apportez une chanson. »

Poète, il aimait les poètes, les anciens et les

modernes ; il les savait tous par cœur et ne pouvait pourtant se lasser de les lire.

Absorbé dans la lecture de ces pages savantes et passionnées inspirées par le génie, l'avocat se reposait des luttes courtoises mais pénibles du barreau, l'homme des pénibles soucis de la vie. Nul mieux que lui ne sut accompagner sa lecture de fines remarques sur les œuvres de nos maîtres en l'art d'écrire, en faire ressortir les beautés, sentir les faiblesses; il était bon critique autant qu'excellent avocat.

Avocat, orateur, poète, Théodore Bac était avant tout père de famille. Ceux-là seuls qui l'ont intimement connu, la famille inconsolable à qui manque aujourd'hui sa présence, savent quel trésor d'affection contenait ce cœur où n'entra jamais la haine.

Il partageait son amour entre trois êtres chéris ; sa femme, sa fille, son fils.

Son fils! enfant blond, au front séraphique, au regard bleu et mélancolique, espoir d'un père... espoir si tôt et si cruellement évanoui !

Ah! Dieu, lorsqu'il a envoyé à l'heureuse famille un de ces anges si beaux et si doux qu'ils vous prennent tout le cœur, Dieu ne devrait pas le reprendre. Mais les anges sont pour le ciel, pour l'amour de Dieu et non pour le regard des hommes. Un jour l'enfant s'envole, ne laissant au foyer qu'égayait son sourire que deuil et désespoir, morne et terrible douleur, nuit affreuse où glisse parfois un pâle et mélancolique rayon des lueurs éternelles, le souvenir qui fait rêver, qui attire et qui tue!...

Il y a trois ans de cela : un convoi funèbre, suivi d'une foule sympathique et recueillie, sortait de l'église Saint-Roch et se dirigeait vers le cimetière Montmartre.

Derrière le char mortuaire, appuyé sur le bras d'un ami, un homme marchait tête nue, les cheveux hérissés, l'œil hagard. C'était Théodore Bac qui accompagnait au cimetière le corps de son fils.

Les passants s'arrêtaient. Les hommes se découvraient ; les femmes se signaient ; et on entendait murmurer dans les groupes :

— C'est le père !

Ceux qui disaient cela avaient arrêté leur regard sur l'homme qui marchait le premier derrière le mort ; ils ne le connaissaient pas, mais l'affreuse douleur qui crispait son visage leur avait appris qui il était.

Des femmes qui passaient, pleuraient en regardant cet homme qui ne pouvait pas pleurer.

Au cimetière, debout sur le bord de la fosse béante, en jetant à son fils l'eau bénite et le dernier adieu, le malheureux père eut un regard et un hochement de tête qui firent frémir ceux qui l'entouraient. Un soupir étouffé souleva sa poitrine ; et nous qui l'observions nous pensâmes ceci :

— C'est là le premier râle d'une agonie.

. . . .

Quatorze mois après, l'agonisant ne souffrait plus.

Le père avait rejoint son fils! Ce grand cœur ne battait plus ; cette vaste et généreuse intelligence était éteinte : Théodore Bac était mort !

Dès les premiers jours de la maladie de son fils, Bac était anéanti; il pressentait le malheur. Une fois déjà, la mort avait voulu lui prendre son enfant : une fièvre typhoïde l'avait, pendant plus de quarante jours, cloué sur son lit. Quarante siècles d'angoisse pour le père ! L'enfant avait été sauvé comme par miracle. Le père s'était dit : la mort n'en veut pas ; et il nous disait, à nous, en riant : Hyppolite a maintenant son brevet de vieillesse.

Un an après, l'enfant tombait malade. La mort en voulait : Bac le comprit : et sa souffrance fut d'autant plus poignante, que ses rêves d'avenir avaient été plus riants, que son espoir avait été plus grand. Il ne voulait voir personne : A ses clients il répondait d'une voix saccadée : « je ne puis pas, je ne puis rien vous dire... J'ai là bas un enfant qui se meurt. » — Et chacun se retirait respectueux et attendri devant cette immense douleur.

C'était à l'époque des dernières élections de Paris ; Bac, à la prière de ses amis, avait consenti une fois encore (1), à sortir du calme

(1) Aux dernières élections des départements, il s'était

de la vie privée dans lequel il vivait depuis 1852. Il s'était porté candidat au faubourg Saint-Antoine, en concurrence avec Garnier-Pagès. Au moment décisif, la maladie de son fils se déclara. Il ne fit pas une démarche dans l'intérêt de sa candidature. Il ne s'en occupait point ; il n'en parlait même pas. M. Guéroult lui écrivait : « Est-il possible, mon cher Bac ; comment ! pas d'affiches, pas de démarches ! » — Bac lui répondait : « j'ai un enfant qui se meurt. »

Enfin, la profession de foi fut affichée, les journaux la publièrent. On crut un moment que le citoyen allait être plus fort que le père. Non ; quelqu'un l'a dit : le père tua le citoyen.

La maladie de l'enfant avait, un instant, cédé devant les soins intelligents du docteur Déclat. Bac avait eu une lueur d'espoir ; il avait fait placarder ses affiches. Tout à coup, une rechute met l'enfant à la dernière extré-

présenté à Limoges. Il échoua, comme plus tard pour le conseil général, avec la consolation d'avoir eu pour lui, *malgré tout*, la majorité des voix dans les villes.

mité et rejette le père dans son morne désespoir.

Le jour de l'élection était proche. Bac se
désista. Aux délégués du faubourg qui ve-
naient chercher ses instructions, il répondait :
« Je vous remercie de votre confiance, mes
amis... mais je n'ai plus de forces... je ne
puis... je ne veux rien être... nommez Garnier-
Pagès. »

Garnier-Pagès fut nommé.

L'enfant mourut.

Le pauvre petit être s'éteignit doucement,
dans la pleine lucidité de son esprit précoce.

Il avait neuf ans. Si sa mort n'avait été celle
d'un ange, je me hasarderais à dire qu'elle fut
celle d'un sage. Jusqu'au dernier moment il
babilla avec les personnes qui l'entouraient.
Peu de temps avant de rendre le dernier
soupir, il disait à un de ses cousins qui se retirait : « Ne t'en vas pas, Georges, restes
encore un peu. Tu ne me reverras peut être
pas. » On était loin de croire la mort si proche.

Georges sortit après avoir embrassé l'enfant. Il le revit le lendemain, immobile et glacé, les yeux fermés, dormant de l'éternel sommeil ; sur ses lèvres violettes errait ce sourire angélique de l'innocent qui rêve du paradis et de ses joies, en dormant dans les bras de sa mère !

Quelque temps après, Bac quitta Paris ; il alla avec sa femme et sa fille passer huit jours à Clermont-sur-Oise, chez un ami. A son retour, il semblait gai, ou plutôt, il s'efforçait de paraître gai. Ne fallait-il pas s'armer de courage et faire taire son cœur, pour consoler la sœur et la mère ! Mais ce courage était au-dessus de ses forces, et bientôt se déclara la maladie à laquelle il a succombé.

Il était triste, inquiet ; son regard fier et pénétrant était devenu mélancolique ; ses cheveux blanchissaient ; son front se ridait.

Un jour, un de ses amis, inspecteur de l'université, qu'il n'avait pas vu depuis de longues années vint le visiter. » Ah ! mon cher

Théodore, s'écria-t-il en l'embrassant, que je suis heureux de vous voir ! Ne m'avait-on pas dit que les journaux avaient annoncé votre mort ! » On s'est trompé, répondit tristement Bac ; c'est mon fils qui était mort. Il vaudrait mieux que ce soit moi, car ce malheur m'a laissé dans une bien affreuse situation. »

Situation affreuse en effet, car le malheureux père ne fit plus que languir.

Il se traînait au palais, faible mais courageux. Il voulait mourir debout, au champ d'honneur. Il plaidait ; ses forces le trahissaient... appuyé à la bare, il continuait... ses jambes se dérobaient sous lui... sa parole s'éteignait... Il faisait un dernier effort ; il arrivait en même temps à la fin de son discours et au bout de son courage.

Il rentrait brisé.

Enfin, un jour vint où il lui fut impossible de se rendre à l'audience. Il travaillait cependant dans son cabinet. Il endurait d'atroces douleurs qui lui arrachaient des cris déchirants. Il prenait une potion ; son mal se calmait ; lui se remettait au travail.

Douze jours avant sa mort, malgré les supplications de sa famille et l'ordre de son médecin, il allait à Pontoise plaider une affaire importante qu'il avait laborieusement étudiée. Le lendemain et les deux jours suivants, encore harrassé par les fatigues du voyage, il rédigeait un long mémoire sur cette même affaire. Il interrompait son travail pour aller dans sa chambre prendre quelques gouttes de la potion bienfaisante qui ranimait ses forces.

Il ne s'arrêta que lorsque son mémoire fut fini, remanié, enfin entièrement terminé.

Ce dernier effort l'acheva.

Depuis longtemps il se sentait mourir. Il attendait la mort bravement, sans faiblesse ; tout en pressentant sa fin, il espérait encore. Une seule pensée l'attristait : il allait quitter ceux qu'il aimait.

« Ah ! — disait-il, — au milieu des cris

que lui arrachaient ses horribles crises, — je
ne crains pas la mort. . on ne meurt pas, on
se transforme. Je reverrai là-haut mon Hippo-
lyte... mais ma femme, ma fille !.. Ah ! mes
amis, mes enfants, c'est pour vous que je vou-
drais vivre ! »

Il ne pouvait prendre aucune nourriture ; il
ne dormait pas. Son corps était sans forces ;
son esprit soutenait son corps. Il avait vécu
par la lutte et le travail, il mourut en luttant
et en travaillant. Quand le doigt de la mort lui
glaça le cœur, il était debout ; il dictait une
lettre !...

Le spirituel rédacteur du *Monde judiciaire*,
Mᶜ Norbert-Billiard, a dit de Bac, lors de sa
dernière candidature : « Il marche comme
s'il menait en laisse la désillusion. »

Oui, Bac était désillusionné. Des sereines
hauteurs où planait son esprit poétique et
honnête, il s'était vu tout à coup rejeté dans
la plate réalité.

Il avait cru à la bonté, à l'amitié, au dévouc-
ment, à l'avenir, ces saintes choses auxquelles
il avait consacré toutes ses forces et voué sa
vie Sa foi dans l'avenir était ébranlée ; son
cœur s'était brisé au choc du malheur et,
disons-le, de l'ingratitude. Là où il s'était plu
à placer son amitié il n'avait trouvé qu'hypo-
crisie ; près de ceux sur lesquels avait veillé
son paternel dévouement il n'avait trouvé
que lâcheté ; là où lui souriait jadis l'ange
radieux et inspiré de l'avenir, il avait vu sou-
dain se dresser le spectre sombre qui, sur le
seuil des destinées futures, arrète le penseur
aux téméraires inspirations, en lui disant de
sa voix sépulcrale : Tu n'iras pas plus loin !

Le malheur de Bac qui était sincère et con-
fiant, fut de croire à la bonne foi et à la sin-
cérité des autres. C'est le défaut de tous les
hommes de cœur à qui les mesquines intri-
gues de la bassesse sont inconnues.

Lui qui avait vécu si longtemps de la vie
mondaine et politique, lui dont le vaste esprit
embrassait toutes les connaissances humai-

nes, ne connut que très-tard les hommes. Il
s'obstinait à les croire tous honnêtes comme
il l'était lui-même. Il ne fallut rien moins
qu'un de ces chocs, qui rendent désormais
invulnérables quand ils ne tuent pas, pour lui
désiller les yeux.

Il aimait, par dessus tous les autres, un
homme qu'il avait formé à son école et qu'il
eut pu nommer son fils, car l'affection dont il
l'avait entouré était celle d'un père. Il l'avait
nourri de ses conseils, instruit par son exemple ; il lui avait fait une place dans le monde.
Il était fier de son élève et, quoique vivant
loin de lui, il en était toujours proche par la
pensée et par le cœur. Il était heureux de ses
succès et, rêvant pour cet ami si cher un avenir qu'il n'espérait plus pour lui-même, il ne
laissait jamais échapper une occasion d'en
faire l'éloge.

Cet homme venait souvent à Paris. Alors le
bonheur de Bac était complet. Il s'enfermait
des heures entières dans son cabinet avec son
cher disciple et là, dans ces conversations

intimes et familières auxquelles il avait le se-
cret de donner tant de charmes, il déshabil-
lait sans gêne sa pensée ; il en mettait à nu
les replis les plus secrets.

Que faisait de ses confidences sacrées
l'homme qui les recevait? Quels sentiments
s'agitaient dans ce cœur où l'âme d'un ami
s'épanchait tout entière, avec ses espérances
et ses craintes, ses regrets et ses aspira-
tions?...

Les événements ont depuis longtemps ré-
pondu.

Tout à coup, l'ami de province cesse de
correspondre avec l'ami de Paris. Il venait
souvent dans la capitale, mais s'il passait devant la porte de Bac, il avait soin de presser
le pas en détournant la tête.

Il en savait assez !

Bientôt le bienfaiteur comprit quel usage
avait fait de ses secrets son fidèle protégé.
L'ami intime était devenu un ennemi ; et Bac

n'était pas revenu de sa stupeur, que déjà son confident escaladait les premières marches des grandeurs, en riant au nez de son ancien maître !

L'homme de notre siècle est ainsi fait, que, pour assouvir cette soif malsaine et inextinguible qui s'appelle l'ambition, il marcherait sur le cadavre de son père et s'en irait, la nuit, dans l'église où son onctueuse dévotion fait, le jour, l'édification des fidèles, fracturer, le tronc des pauvres !

Bac avait vu, presqu'en même temps, mourir sa belle-sœur, son frère, qu'il chérissait, noble et vaste intelligence, l'honneur de la magistrature et du barreau de Limoges ; il n'avait plus de fils ; cette défection lui porta le dernier coup. Ceux qui ont connu sa nature sensible et délicate le comprendront.

Voila comment le brillant avocat, l'éloquent et courageux tribun de la montagne, l'honnête homme fut tué par le chagrin qui lui rongeait le cœur, au moment où, dans toute la mâturité de son talent, il pouvait ajouter à la gloire sans tâche qu'il s'était laborieuse-ment acquise, une gloire plus grande encore.

Il était entré dans le monde, portant l'au-réole sacrée qui est le signe du talent, il est passé, laissant après lui le bien et l'exemple du bien ; il s'en est allé, n'emportant d'autres récompenses de sa vie de labeurs et de dé vouement que l'estime des honnêtes gens et les regrets de ceux qui l'ont aimé.

Cher maître, vous étiez bon dans ce siécle d'égoïsme ; vous étiez généreux dans ce siécle de lâcheté ; vous aviez du cœur dans ce siécle de bassesse. Cela vous a tué. Et vous auriez pu vivre longtemps encore pour nous ! oh ! ce n'est point un reproche... c'est un dernier hommage qui jaillit de notre cœur, avec les larmes de nos yeux, sur la tombe de l'avocat des pauvres !